Im Dezember 1904 schrieb Stefan Zweig an Franz Karl Ginzkey: »... ich will bald wieder eine Novelle beginnen, von der ich Ihnen noch gar nichts erzählen kann, denn sie ist sehr dunkel – mir selbst noch. Nur den Titel sollen Sie wissen: ›Die Spiegel des Todes‹.« In diesen Spiegeln erkennt sich die Marquise de Prie; sie wurde vom König verbannt auf ein einsames Schloß in der Normandie, weitab von Versailles – durchaus nicht schuldlos. »Ihr Herz verlor sich immer an den Augenblick, log, indem es die Wahrheit sagte, und war aufrichtig, während es betrügen wollte: Sie wußte immer nur, was sie fühlte.« Vom Verrat am Hof entsetzt und in ihrem Stolz gekränkt, lädt sie dennoch fast den ganzen Hofstaat zu leuchtenden Spektakeln ein, die die Menschen nie vergessen sollen, und steigert sie zur Inszenierung ihrer selbst.
Zur Vorlage für diese ›Geschichte eines Unterganges‹ dienten Stefan Zweig die Erinnerungen von Louis de Rouvroy, Duc de Saint-Simon an den Sonnenkönig Ludwig XIV., dessen Mätresse Jeanne-Agnès Marquise de Prie gewesen war.

Stefan Zweig wurde am 28. November 1881 in Wien geboren. Nach dem Studium der Philosophie und der Germanistik in Berlin und Wien, das er mit der Promotion abschloß, reiste er viel, durch Europa, Nordafrika, Indien, Nord- und Südamerika. Noch während seiner Studienzeit, 1901, veröffentlichte er seinen ersten Gedichtband, ›Silberne Saiten‹, 1904 folgte sein erster Erzählband ›Die Liebe der Erika Ewald‹, 1907 sein erstes Drama ›Tersites‹. Mit den »vier Geschichten aus Kinderland« ›Erstes Erlebnis‹ 1911 wurde er erstmals einem breiteren Publikum bekannt. Zum aktiven Militärdienst untauglich, wurde er im Ersten Weltkrieg ins Kriegspressequartier versetzt, bis er 1917 als Kriegsgegner für die ›Neue Freie Presse‹ nach Zürich gehen konnte. Von 1919 bis 1934 lebte er in Salzburg, wo ein Großteil seiner berühmten Biographien, Erzählungen und Essays – ›Marie Antoinette‹, ›Baumeister der Welt‹, ›Amok‹ – entstand. 1934 zog er sich nach London zurück. Die Geschichte als Spiegel der Zeit verdeutlichen umfangreiche Essays; ›Triumph und Tragik des Erasmus von Rotterdam‹ und ›Castellio gegen Calvin oder Ein Gewissen gegen die Gewalt‹ wurden 1935 und 1936 dort bzw. auf Studienreisen in Zürich und Paris geschrieben. Zunehmend ruheloser geworden, ging er 1940 zunächst für einige Monate nach New York und übersiedelte im August 1941 nach Brasilien. Seine Erinnerungen ›Die Welt von Gestern‹ und die ›Schachnovelle‹ vollendete er noch, die Biographie Balzacs 1942 blieb Fragment, als er am 23. Februar 1942 mit seiner Frau »aus freiem Willen und mit klaren Sinnen« aus dem Leben schied.

Erzähler-Bibliothek

Stefan Zweig
Geschichte eines Unterganges

Fischer
Taschenbuch
Verlag

Veröffentlicht im Fischer Taschenbuch Verlag GmbH,
Frankfurt am Main, September 1993

Lizenzausgabe mit freundlicher Genehmigung
des S. Fischer Verlags GmbH, Frankfurt am Main

Umschlaggestaltung:
Alfons Holtgreve, Christian Mertens, Hans-Georg Pospischil
Satz: Fotosatz Otto Gutfreund GmbH, Darmstadt
Druck und Bindung: Clausen & Bosse, Leck
Printed in Germany
ISBN 3-596-11807-7

Gedruckt auf chlor- und säurefreiem Papier

Geschichte eines Unterganges

Die Fahrt in die Normandie war lästig lang gewesen, aber schon der erste Tag in Courbépine gab ihr die Heiterkeit ihres Wesens wieder. Ihr unruhiger, verspielter, ständig nach Neuem lüsterner Sinn entdeckte einen ungewohnten Reiz darin, sich der kristallenen Reinheit eines ländlichen Sommertages hinzugeben. Sie verlor sich an tausend Torheiten, belustigte sich damit, mit blassen Schleifen im Haar in einem blühweißen Kleid wie das kleine Mädchen, das sie einst war und das sie in sich längst schon gestorben meinte, durch die Alleen zu laufen, über Hecken zu springen und schwirrenden Schmetterlingen nachzuhaschen. Sie ging und ging und empfand seit Jahren zum erstenmal, welche Wollust darin liegt, seine Glieder im Schreiten rhythmisch zu entspannen, wie sie überhaupt all die Dinge des primitiven Lebens, die sie in den höfischen Tagen vergessen hatte, mit Entzücken wiederentdeckte. Sie lag im smaragdenen Gras und sah den Wolken zu. Wie seltsam das war, seit Jahren hatte sie niemals eine Wolke angesehen, und sie fragte sich, ob sie über den Häusern von Paris auch so schöngerändert, so weißgebläht, so rein und schwebend seien. Zum erstenmal sah sie den Himmel wie ein wirkliches Ding an, und seine blaue, mit seinen weißen Flecken durchsprenkelte Wölbung erinnerte sie an die wundervollen chinesischen Vasen, die ihr jüngst ein deutscher Fürst zum Geschenk gemacht hatte, nur daß er noch schöner war, voller und blauer und gefüllt mit milder, duftender Luft, die wie Seide weich anzufühlen war. Das Nichtstun ergötzte sie, die in Paris immer von einem zum anderen Divertissement gejagt war, und die Stille um sie war köstlich wie ein frischer Trunk. Es kam ihr jetzt zum erstenmal zu Bewußtsein, daß alle die Menschen, die sie in Versailles umringten, ihr gleichgiltig seien, daß sie keinen liebte und keinen haßte, alle waren ihr gleichgiltig wie dort die Bauern, die am Waldrand mit großen blitzenden Sensen standen und manchmal mit überschattetem Auge neugierig zu ihr herübersahen. Immer übermütiger ward sie: sie trieb loses Spiel mit den jungen Bäumen, sprang hoch, bis sie die niederhängenden Zweige fing, ließ sie abschnellen und lachte laut, wenn ein paar weiße Blüten wie pfeilgetroffen herabfielen, in ihre haschende Hand, in ihr seit Jahren zum erstenmal wieder freies Haar. Mit jener wunderbaren Vergeßlichkeit, die leichtfertige Frauen an jeden Augenblick ihres Lebens haben, verlor sie das Erinnern, daß sie verbannt sei und daß sie vordem Herrscherin in Frankreich war, mit Schicksalen so lässig spielen durfte wie jetzt mit Schmetterlingen und flimmernden Bäumen, sie verlor fünf, zehn, fünfzehn Jahre und war nur mehr Mademoiselle Pleuneuf, die Tochter des Genfer Bankiers, ein kleines, mageres, übermütiges Mädchen von fünfzehn Jahren, die im Klostergarten spielte und nichts wußte von Paris und der ganzen Welt.

Nachmittags half sie den Mägden beim Einlesen des Getreides: es kam ihr ungemein lustig vor, die großen Garben binden zu dürfen und sie dann mit einem wilden Schwung auf den Wagen zu werfen. Und mitten unter ihnen allen, die zuerst befangen waren und ehrfürchtig sich verhielten, saß sie hoch oben am vollgeladenen Wagen mit baumelnden Beinen, lachte mit den Burschen, und dann, wie es zum Tanze ging, wirbelte sie mitten hinein. Sie empfand all das wie ein gelungenes Maskenspiel am Hofe und freute sich schon, in Paris erzählen zu können, wie köstlich sie ihre Zeit verbracht, wie sie, mit Feldblumen im Haar, den Reigen getanzt und mit den Bauern vom gleichen Kruge getrunken habe.

Daß dies Wirklichkeiten waren, merkte sie ebensowenig, als sie in Versailles die Schäferspiele als Trug empfand. Ihr Herz verlor sich immer an den Augenblick, log, indem es die Wahrheit sagte, und war aufrichtig, während es betrügen wollte: sie wußte immer nur, was sie fühlte. Und jetzt fühlte sie in allen Adern Glück und Überschwang, der Gedanke, daß sie in Ungnade sei, hätte sie lachen gemacht.
Am nächsten Morgen mengte sich schon ein dunkler Tropfen Mißmut in die kristallene Heiterkeit ihrer Stunden. Das Erwachen allein schon tat hier weh: Man stürzte aus der schwarzen Nacht traumlosen Schlafes in den Tag hinein, wie aus warmer schwülender Luft in ein eisiges Wasser. Sie wußte nicht, was sie erweckt hatte. Das Licht war es nicht, denn fahl schimmerte der Regentag vor den verweinten Fenstern. Und auch der Lärm war es nicht, denn hier waren keine Stimmen, nur von der Wand sahen sie tote Menschen aus ihren Bildern mit starren bohrenden Augen an. Man war wach und wußte nicht, warum und wozu: nichts rief sie hier und verlockte sie.
Und sie dachte, wie anders doch das Erwachen in Paris war. Abends hatte man getanzt, geplaudert, mit Freunden die halbe Nacht verbracht,

und dann kam jener wunderbare Schlaf der Erschöpfung, in dem die erregten Sinne farbige Bilder weiterzittern ließen. Und morgens, mit geschlossenen Augen, hörte sie noch, wie aus dem Traum heraus, gedämpfte Stimmen aus den Vorsälen, und kaum daß ihr Lever begann, strömten sie herein: die Herzöge von Frankreich, die Bittsteller, die Geliebten, die Freunde, alle warben um ihre Gunst und brachten die Gabe der Werbenden: beflissene Heiterkeit. Jeder erzählte, lachte, schwatzte, man brachte den Tratsch, die Neuigkeiten an ihr Bett, und geradeswegs aus den farbigen Träumen trug sie das Erwachen mitten in die Flut des Lebens, das Lächeln, das sie im Traume auf den Lippen hatte, flog nicht fort, blieb an den Mundwinkeln hängen und schaukelte sich übermütig wie ein Vogel im Bauer.
Von den Bildern der Menschen führte der Tag zu den Menschen selbst, und sie blieben bei ihr, beim Anziehen, beim Ausfahren, beim Speisen, bis wieder in die Nacht hinein. Unablässig fühlte sie sich murmelnd weitergetragen von dieser wie Wellen rastlos erregten Flut, die tanzend in unaufhörlichem Rhythmus das blumige Boot ihres Lebens schaukelte.
Aber hier warf er das Erwachen an eine Klippe,

es saß fest, reglos und unnütz am Strand der Stunden. Nichts lockte sie, aufzustehen. Die harmlosen Vergnügungen von gestern hatten keinen Reiz mehr, ihre verwöhnte Neugier war von der Art, daß sie sich rasch abnutzte. Das Zimmer war leer, wie ohne Luft, und leer fühlte sie sich selbst in dieser Einsamkeit, wo keiner sie verlangte, leer, nutzlos, ausgewaschen, ausgelaugt: sie mußte sich erst langsam erinnern, warum sie hier sei und wie sie hierhergekommen sei. Was erwartete sie von dem Tage, daß sie so nach der Uhr starrte, die mit ihrem zittrigen, leisen Schritt rastlos durch das Schweigen ging?

Endlich fiel es ihr ein. Sie hatte den Prinzen von Alincourt, den einzigen ihrer früheren Geliebten, mit dem sie innigere Neigung verband, gebeten, ihr täglich durch einen reitenden Boten die Nachrichten vom Hofe zu übermitteln. Den ganzen gestrigen Tag hatte sie daran vergessen, daß sie Paris durch ihr Verschwinden in Aufregung versetzt hatte, nun lüstete es sie, diesen Triumph auszukosten. Der Bote traf auch bald ein, nicht aber die Botschaft. Alincourt schrieb ihr ein paar gleichgiltige Floskeln, Nachrichten über das Befinden des Königs, die Besuche fremder Prinzen, und ließ den Brief in freundliche Wünsche für ihr Wohlbefinden zerrinnen. Von ihr und ihrem

Verschwinden kein Wort. Sie wurde ärgerlich. War die Nachricht denn nicht publik? Oder hatte man ihrer Lüge, sie sei zur Erholung in dieses langweilige Nest gereist, wirklich Glauben geschenkt?

Der Bote, ein einfältiger, stiernackiger Reitknecht, zuckte die Achseln. Er wußte von nichts. Sie verheimlichte ihren Ärger und schrieb Alincourt zurück – ohne ihren Unwillen zu zeigen –, sie danke ihm für seine Nachrichten und bitte ihn dringend, weiterhin ihr genau Bericht zu erstatten. Sie hoffe, nicht lange hier zu bleiben, aber immerhin gefiele es ihr hier vortrefflich. Sie merkte gar nicht, daß sie ihn schon belog.

Aber wie lange wurde dann hier noch der Tag. Die Stunden schienen hier wie die Menschen selbst mit bedächtigerem Schritt zu gehen, und sie wußte kein Mittel, sie zu beschleunigen. Sie wußte nichts mit sich selbst anzufangen; stumm war alles in ihr, all die geistreiche Musik ihres Herzens tot wie eine Spieluhr, deren Schlüssel verlorengegangen ist. Sie versuchte allerhand, sie ließ sich Bücher bringen, aber die geistreichsten schienen ihr bedruckte Blätter. Eine Unruhe kam über sie, ihr fehlten die vielen Menschen, unter denen sie jahrelang gelebt. Sie trieb die Diener unnütz hin und her mit eigensinnigen Befehlen:

sie wollte Schritte auf den Treppen knarren hören, Menschen sehen, künstlich dies Geschwirre von Botschaften erzeugen, wollte sich belügen, aber es gelang ihr schlecht, wie jetzt alle ihre Pläne. Das Essen ekelte sie wie das Zimmer und der Himmel und ihre Diener: sie wollte eines nur noch, Nacht, tiefen, traumlosen schwarzen Schlaf bis morgen, wo die bessere Botschaft kam.

Endlich kam der Abend. Aber wie traurig war er hier! Nichts als ein Dunkelwerden, ein Wegschwinden aller Dinge, ein Verfinstern des Lichts. Ein Ende war er hier, der in Paris doch erst Anfang war aller Vergnügungen. Hier goß er Nacht aus, dort entflammte er die goldgeranderten Kerzen in den königlichen Sälen, ließ die Luft auffunkeln in den Blicken, entzündete, wärmte, berauschte, befeuerte das Herz. Hier machte er nur noch ängstlicher. Sie irrte von Zimmer zu Zimmer: in allen hockte das Schweigen wie ein böses Tier, gemästet mit all den Jahren, da niemand hier gegangen war, und sie hatte Angst, es möchte sie anspringen. Die Dielen stöhnten auf, die Bücher knackten in den Bänden, sobald man sie anfaßte; im Spinett ächzte etwas schreckhaft auf wie ein geschlagenes Kind, da sie an die Tasten rührte und einen weinerlichen Klang aufrief.

Alles wehrte sich gegen den Eindringling, hielt fest im Dunkel zusammen.

Da ließ die Fröstelnde im ganzen Hause die Lichter anzünden. Sie versuchte, in einem Raum zu bleiben, aber immer trieb es sie weiter, sie flüchtete von einem Zimmer ins andere, als wäre darin eine Beruhigung. Aber überall stieß sie gegen die unsichtbare Wand des Schweigens, das seit Jahren hier Herrenrecht hatte und sich nicht verweisen lassen wollte. Selbst die Lichter schienen es zu fühlen, sie zischten leise und tränten heiße Tropfen herab.

Von außen aber blinkte das Schloß mit seinen dreißig funkelnden Fenstern, als würde hier ein Fest gefeiert. Die Leute vom Dorfe standen in Haufen davor, staunten und schwatzten, woher die vielen Menschen plötzlich gekommen wären. Aber die Gestalt, die sie bald an der einen, bald an der anderen Scheibe schattenhaft vorüberstreifen sahen, war immer die gleiche: Madame de Prie, die verzweifelt wie ein wildes Tier in dem Gefängnis ihrer inneren Einsamkeit auf und ab irrte und durch die Fenster nach irgend etwas spähte, was nicht kam.

Am dritten Tage verlor ihre Ungeduld alle Fassung und wurde gewalttätig. Die Einsamkeit erdrückte sie, sie brauchte Menschen oder wenigstens Nachricht von Menschen, vom Hof, wo ihr ganzes Wesen mit tausend Fasern verästelt war, von ihren Freunden, irgend etwas, was sie erregte oder nur anrührte. Sie konnte den Boten nicht erwarten und ritt ihm frühmorgens drei Stunden entgegen. Es regnete und stürmte: das mit Wasser vollgesaugte Haar riß ihr den Kopf zurück, ihre Augen sahen nichts mehr, so fegte ihr der Sturm den Regen ins Gesicht, ihre Hände erstarrten und vermochten kaum mehr den Zügel zu halten. Schließlich jagte sie zurück, ließ sich die nassen Kleider abnehmen und flüchtete wieder ins Bett. Sie wartete wie im Fieber, die Decke zwischen die Zähne geknüllt. Jetzt verstand sie das drohende Lächeln des Comte de Belle-Isle, wie er sagte, sie würde die lange Einsamkeit schwer ertragen können. Und es waren erst drei Tage!

Endlich kam der Kurier. Sie verstellte sich nicht mehr, sondern riß gierig mit den Nägeln, wie ein Hungernder die Schale von der Frucht, das Siegel ab. Es standen viel Dinge vom Hofe darin: ihr Auge rann darüber fort, sie suchte ihren Namen. Nichts, nichts. Aber da brannte ein Name sie an: ihre Stelle als Palastdame war vergeben an Madame de Calaincourt.

Einen Augenblick zitterte sie, und ihr ward ganz

schwach. Es war also keine momentane Verstimmung, sondern dauernde Verbannung: das war ihr Todesurteil, und sie liebte das Leben. Mit einem Ruck sprang sie, ohne Scham vor dem Kurier, aus dem Bett und schrieb halbnackt, schlotternd vor Kälte, in wilder Gier Brief auf Brief. Sie gab die Komödie ihres Stolzes auf. Sie schrieb an den König, obwohl sie wußte, daß er sie haßte; in den demütigsten, erbärmlich kriecherischesten Worten versprach sie, sich nie mehr in die Staatsgeschäfte einmengen zu wollen. Sie schrieb an die Leszcyńska, erinnerte sie daran, daß nur durch ihre Vermittlung sie die Königin Frankreichs geworden war, sie schrieb an die Minister, bot ihnen Geld, sie wandte sich an ihre Freunde. Sie beschwor Voltaire, den sie vor der Bastille gerettet hatte, er möge eine Elegie dichten auf ihren Abgang und vorlesen. Sie befahl ihrem Sekretär, Pasquillanten gegen ihre Feinde zu dingen und die Blätter in Abschriften zu verbreiten. Zwanzig Briefe riß sie so aus ihrer fiebernden Hand, die alle nur eines erflehten: Paris, die Welt, Rettung vor dieser Einsamkeit. Schreie waren es, keine Briefe mehr. Dann griff sie in eine Schatulle, gab dem Kurier eine Handvoll Goldstücke, er möge sein Pferd zu Tode reiten, aber er müsse nachts in Paris sein. Hier erst hatte sie gelernt, was eine

Stunde wirklich war. Er wollte erschreckt danken, sie trieb ihn hinaus.

Dann flüchtete sie zurück ins Bett. Ihr fror. Ein harter Husten schütterte ihren vermagerten Körper. Sie lag und starrte vor sich hin, wartete immer nur, bis endlich die Uhr auf der Konsole ansetzte und schlug. Aber die Stunden waren störrisch, man konnte sie nicht mit Flüchen, mit Bitten, mit Gold hetzen, schläfrig gingen sie ihren runden Gang. Die Diener kamen, sie wies alle hinaus, sie wollte niemandem ihre Verzweiflung zeigen, sie wollte kein Essen, keine Worte, wollte nichts von niemandem. Unentwegt rauschte der Regen draußen, und sie fröstelte, als stände sie draußen schauernd wie das Gesträuch mit seinen hilflos gespreizten Armen. Eine Frage ging in ihr auf und nieder, ein Wort wie Pendelschlag: Warum, warum, warum, warum? Warum hatte ihr Gott das getan? Hatte sie zu viel gesündigt?

Sie riß an der Klingel: man solle den Priester des Ortes holen. Der Gedanke beruhigte sie, daß irgendein Mensch hier lebte, mit dem sie reden könnte und dem sie ihre Angst vertrauen konnte.

Der Priester ließ nicht lange auf sich warten, um so mehr, als man ihm berichtet hatte, Madame sei krank. Unwillkürlich mußte sie lächeln, wie er eintrat. Sie dachte an ihren Abbé in Paris mit seinen zarten, feinen Händen, dem glitzernden Blick, der fast zärtlich anrührte, an seine mondäne Konversation, die vergessen ließ, daß er die Beichte abnahm. Der Abbé von Courbépine war wohlbeleibt und breitschultrig, mit knarrenden Stulpen stapfte er zur Tür herein. Alles war rot an ihm, die plumpen Hände, das Gesicht, das der Wind gegerbt hatte, und die großen Ohren, aber er wirkte doch irgendwie freundlich, da er ihr die Tatze zum Gruße bot und auf einem Fauteuil Platz nahm. Vor seiner wuchtigen Gegenwart schien das Grauen im Zimmer sich zu fürchten und duckte sich in eine Ecke hinein: es schien wärmer, lebendiger geworden zu sein in dem Raum, den seine laute Stimme voll anfüllte, und Madame de Prie war, als atmete sie freier in seiner Gegenwart. Er wußte nicht recht, weshalb er berufen worden war, und begann eine ungelenke Konversation, sprach von seiner Pfarrei und von Paris, das er nur vom Hörensagen kannte, er zeigte seine Gelehrsamkeit, redete über Cartesius und die gefährlichen Werke des Herrn von Montaigne. Sie sprach, ohne recht zu denken, hie und da ein Wort: ihre Gedanken summten wie ein Mückenschwarm, sie wollte nur hören, eine menschliche Stimme hören, sie wie einen Damm aufbauen gegen das Meer von Einsamkeit, in dem sie zu ertrinken drohte. Als er, in der Furcht, sie zu stören, aufbrechen wollte, umwarb sie ihn mit leidenschaftlicher Liebenswürdigkeit, die nichts anderes war als Bangen, sie versprach dem höchlichst Geehrten ihren Besuch, lud ihn ein, oft zu ihr zu kommen; das Verführerische ihres Wesens, das in Paris bezaubert hatte, brach verschwenderisch aus ihrer versonnenen Schweigsamkeit. Und der Abbé blieb, bis es dunkel ward. Aber sogleich, wie er ging, war ihr, als stürzte die Last des Schweigens mit verdoppelter Wucht auf sie herab, als müßte sie allein die hohe Decke tragen, allein das andrängende Dunkel weghalten. Nie hatte sie gewußt, wie viel ein einzelner Mensch einem andern bedeuten kann, weil sie nie einsam gewesen war. Sie hatte Menschen immer nur gewertet wie die Luft, die man nicht spürt, aber jetzt, da ihr die Kehle umschnürt war von Einsamkeit, spürte sie erst, wie sehr sie ihrer bedurfte, erkannte, wie viel doch Menschen waren, selbst wenn sie logen und betrogen, wie sie selbst von ihrer Gegenwart alles empfing, ihre Leichtigkeit, ihre Sicherheit und Freudigkeit. Sie hatte in Gesellschaft jahrzehntelang geschwommen und nie gewußt, daß diese Flut sie nährte und trug, jetzt aber, wie ein Fisch an den Strand der

Einsamkeit geschleudert, zuckte sie in Verzweiflung und gebäumtem Schmerz. Sie fror und fieberte zugleich. Sie befühlte ihren Körper, schrak zurück, wie kalt er war, alles sinnlich Warme schien abgestorben darin, das Blut nur schwerflüssig wie Gallert durch die Adern zu quellen, ihr war, als läge sie in ihren eigenen Leichnam eingesargt hier in der Stille. Und plötzlich brach es heiß auf in ihr, ein verzweifeltes Schluchzen. Sie erschrak zuerst und wollte dem wehren. Aber hier war ja niemand, hier mußte sie sich nicht verstellen, sie war zum erstenmal mit sich allein. Und willig gab sie sich der schmerzlichen Süße hin, die heißen Tränen über ihre eisigen Wangen rinnen zu fühlen und in der entsetzlichen Stille ihr eigenes Schluchzen zu hören.

Sie beeilte sich, dem Abbé den Besuch zu erwidern. Das Haus war öde, die Briefe kamen nicht – sie wußte ja selbst, daß man in Paris nicht viel Zeit hatte für Bittsteller und Petenten, und sie wollte etwas tun, irgend etwas, nur Trictrac spielen oder schwätzen oder nur sehen, wie ein anderer redete, mit irgend etwas die Langeweile belügen, die immer drohender und immer mörderischer gegen ihr Herz andrängte. Rasch eilte sie durch das Dorf; sie hatte ja einen Ekel vor allem, was irgendwie Bestandteil dieses Namens Courbépine bildete, was sie erinnerte an ihre Verbannung. Das Häuschen des Abbé lag am Ende der Dorfgasse, schon ganz im Grünen. Kaum höher war es wie eine Scheune, aber Blumen rahmten die winzigen Fenster und hingen im wirren Gerank über der Tür herab, daß sie sich bücken mußte, um nicht in ihrem lieblichen Netz gefangen zu werden.

Der Abbé war nicht allein. Neben ihm, an seinem Arbeitspulte, saß ein junger Mann, den er, höchlichst verwirrt durch so erlauchten Besuch, als seinen Neffen präsentierte. Der Abbé bereitete ihn für die Gelehrsamkeit vor; freilich sollte er nicht Priester werden – man versäume zu viel dabei. Das sollte ein galanter Scherz sein. Madame de Prie lächelte aber nicht so sehr über das ein wenig plump vorgebrachte Kompliment, sondern über die amüsante Verlegenheit dieses jungen Menschen, der tief errötete und nicht wußte, wohin mit seinen Blicken. Er war ein hochgewachsener Bauernbursche mit einem knochigen, rotbackigen Gesicht, gelben Strähnen und ein wenig einfältigen Augen: er wirkte plump und brutal mit seinen ungelenken Gliedern, aber jetzt bändigte der übergroße Respekt seine Bäurischkeit und gab ihm eine kindische Hilflosigkeit. Er

wagte kaum, Antwort auf ihre Fragen zu geben, stammelte, stotterte, versteckte die Hände in den Taschen, zog sie wieder hervor, und Madame de Prie, ergötzt durch seine Verlegenheit, fragte ihn immer mehr – es tat ihr wohl, wieder jemanden zu finden, den ihre Gegenwart verwirrte, der klein, flehend, untertänig vor ihr war. Der Abbé sprach für ihn, rühmte seine Leidenschaft für das edle Studium, seine Vorzüge, und erzählte, daß es seine höchste Sehnsucht wäre, in Paris an der Universität die Studien vollenden zu können. Freilich, er selbst sei arm und könne dem Neffen kaum aushelfen, auch mangle es ihm an Protektion, die ja in Paris einzig den Weg zu den Staatsstellen ermögliche, und mit eindringlichen Worten empfahl er ihn ihrer Gunst. Sie sei ja allmächtig bei Hofe, ein einziges Wort würde genügen, um die verwegensten Träume des jungen Studenten zu erfüllen.
Madame de Prie lächelte bitter ins Dunkel hinein: sie sei allmächtig bei Hofe, und konnte nicht einmal Antwort erzwingen auf einen einzigen Brief, auf eine einzige Bitte. Aber doch tat es ihr wohl, daß man hier von ihrer Ohnmacht, von ihrem Sturze nichts wußte, schon der Schein einer Gewalt beglückte sie jetzt. Sie beherrschte sich: Gewiß wolle sie den jungen Mann empfehlen, der

nach den Worten eines so geschätzten Fürsprechers sicher aller Gunst würdig sei. Er möge morgen bei ihr vorsprechen, damit sie seine Qualitäten prüfen könne. Sie wolle ihn bei Hofe empfehlen, ihm ein Geleitschreiben geben an ihre Freundin, die Königin, und an die Herren der Akademie (und erinnerte sich, während sie es sagte, daß keiner von all denen nur mit einer Zeile auf ihre Briefe geantwortet hatte).
Der alte Abbé zitterte vor Freude, Tränen liefen über seine dicken Wangen herab. Er küßte ihre Hände, irrte hin und her wie ein Trunkener, während der junge Bursche mit dem Ausdruck eines Betäubten dastand und kein Wort fand. Als Madame de Prie sich zum Aufbruch entschloß, rührte er sich nicht, blieb wie angewurzelt an seiner Stelle, bis der Abbé ihm heimlich mit einer energischen Bewegung andeutete, er möchte seine Gönnerin zum Schlosse zurückbegleiten. Er ging an ihrer Seite, stammelte Danksagungen und verfing sich jedesmal in der Rede, wenn sie ihn ansah. Sie ward ganz froh dabei. Zum erstenmal empfand sie wieder diese mit leiser Verachtung gemengte Wollust, einen Menschen zu sehen, der vor ihr alle Gewalt verlor, ihr Gelüst, mit anderen zu spielen, das ihr in den Jahren der Macht Lebensbedürfnis geworden war, erwachte

wieder neu. Beim Schloßtore blieb er stehen, machte eine linkische Verbeugung und hastete mit seinen steifen Bauernschritten fort, kaum daß sie noch Zeit hatte, ihn an seinen Besuch zu erinnern.
Sie sah ihm nach und lächelte in sich hinein. Er war plump und naiv: aber immerhin, lebendig war er und leidenschaftlich, nicht abgestorben, wie alles ringsum. Er war Feuer und ihr fror. Auch ihr Körper, gewöhnt an die Liebkosungen und Umarmungen, hungerte hier, ihr Blick brauchte, um lebendigen Glanz zu haben, diesen Widerschein von funkelndem Begehren der Jugend, der ihr in Paris täglich entgegenstrahlte. Sie sah ihm lange nach: das konnte ein Spielzeug sein, aus hartem Holz freilich, plump und einfältig, aber immerhin ein Spielzeug, die Zeit zu betrügen.

Am nächsten Morgen meldete sich der junge Mann. Madame de Prie, die matt vor Untätigkeit und Unlust, den Tag zu beginnen, meist erst spät nachmittags aufstand, beschloß, ihn im Bett zu empfangen. Vorerst ließ sie sich von der Zofe sorgfältig herrichten und ein wenig Rot auf die immer mehr bleichenden Lippen legen. Dann gebot sie, den Besucher hereinzuführen.

Die Tür knarrte langsam auf. Zögernd und sehr linkisch schob sich der junge Mann herein. Er hatte seine beste Gewandung angetan, die freilich noch immer sehr bäuerisch-feiertäglich war, und duftete übermäßig nach allerhand fettigen Salben. Sein Blick irrte vom Boden suchend zum Gebälk des abgedunkelten Zimmers hinauf und wollte schon beruhigter sein, weil er niemand fand, da kam vom Bette her, unter der rosa Wolke des Baldachins, aufmunternde Begrüßung. Er schrak zusammen, denn er wußte nicht, daß die hohen Damen in Paris beim Lever empfingen, oder er hatte es vergessen. Er machte irgendeine Bewegung zurück, als wäre er in tiefes Wasser getreten, und starke Röte überflutete seine Wangen, eine Verlegenheit, an der sie sich weidete und entzückte. Mit schmeichelnder Stimme lud sie ihn ein, näherzutreten: es belustigte sie, gegen ihn sehr höflich zu sein.

Er kam vorsichtig heran, als ginge er über ein schmales Brett und rechts und links sei schäumende Untiefe. Und sie hielt ihm die kleine, magere, bleiche Hand entgegen, die er vorsichtig mit seinen derben Fingern umfaßte, als hätte er Angst, sie zu zerbrechen, und ehrfürchtig zu den Lippen führte. Sie hieß ihn mit freundlicher Handbewegung auf einem behaglichen Lehnsessel neben ihrem Bette Platz nehmen, und er sank hinein wie mit jäh zerbrochenen Knien.

Ein wenig sicherer fühlte er sich, als er so saß. Nun konnte das ganze Zimmer nicht mehr wild um ihn kreisen, der Boden nicht so wellig schwanken. Der ungewohnte Anblick verwirrte ihn aber noch immer, das lose Seidengewebe der Decke schien die nackten Formen ihres Körpers wiederzugeben und die rosa Wolke des Baldachins niederzuschweben als Nebel: er wagte nicht hinzublicken und fühlte doch, daß er die Blicke nicht immer in den Boden bohren konnte. Seine Hände, seine unnützen großen, roten Hände tasteten die Lehne auf und nieder, als müßte er sich hier festhalten, dann erschraken sie wieder vor ihrer eigenen Unruhe und lagen erfroren wie schwere Klumpen ihm im Schoß. In den Augen hatte er ein brennendes, fast weinerliches Gefühl, an allen Muskeln riß eine Angst, und in der Kehle spürte er keine Kraft, ein Wort wegzuschwingen.

Sie entzückte sich an seiner Verlegenheit. Es bereitete ihr Vergnügen, das Schweigen unbarmherzig lang werden zu lassen, lächelnd zu beobachten, wie er nach dem ersten Wort rang und wie es doch immer wieder nur Stammeln blieb, zu sehen, wie dieser baumstarke Mensch zitterte und mit hilflosen Augen um sich griff. Schließlich hatte sie Mitleid mit ihm und begann, ihn um seine Absichten zu fragen, für die sie ungemeines Interesse zu heucheln wußte, so daß er allmählich wieder Mut bekam. Er erzählte von seinen Studien, von den Kirchenvätern und Philosophen, sie plauderte mit, ohne viel davon zu wissen. Und da die breitspurige Sachlichkeit, mit der er seine Anschauungen vorbrachte und erörterte, sie zu langweilen begann, ergötzte sie sich damit, ihn durch allerhand Bewegungen aus der Contenance zu bringen. Sie zog manchmal an der Decke, als wollte sie herabgleiten, holte plötzlich bei einer jähen Geste des Sprechens einen blanken Arm aus der zerklüfteten Seide heraus, wippte mit den Füßen unter der Decke: und immer hielt er inne, überstürzte sich, verschluckte Worte oder sprudelte sie heraus, immer mehr bekam sein Gesicht einen gequälten, gespannten Ausdruck, und sie sah hin und wieder eine Ader hastig wie eine Schlange über seine Stirn laufen. Das Spiel amüsierte sie. Er gefiel ihr tausendmal besser in dieser knabenhaften Verwirrung als in seiner wohlgesetzten Rhetorik. Und sie suchte ihn nun auch mit Worten zu beunruhigen.

»Denken Sie nicht immer so viel an Ihre Studien und Verdienste! In Paris entscheiden die Ge-

schicklichkeiten, Sie müssen lernen, sich vorzudrängen. Sie sind ein hübscher Mensch, seien Sie klug und nützen Sie Ihre Jugend aus, vergessen Sie vor allem die Frauen nicht, die bedeuten alles in Paris, unsere Schwäche muß Ihre Stärke sein. Lernen Sie Ihre Geliebten gut wählen und ausnützen, und Sie werden Minister sein. Haben Sie hier schon eine Geliebte gehabt?«
Der junge Mann zuckte zusammen. Sein Gesicht war mit einem Male blutdunkel. Er fühlte das Unerträgliche in ihm übermächtig werden, es riß ihn, zur Tür zu stürzen, aber in ihm war eine Schwere, er war wie betäubt von dem Duft von Parfüm, vom Atem dieser Frau. Alle Muskeln in ihm krampften sich zusammen, seine Brust spannte sich, er fühlte sich wild werden und sinnlos.
Da knackte etwas. Er hatte die Lehne des Sessels mit den gekrampften Fingern zerbrochen. Erschreckt sprang er auf, er war unsäglich beschämt über das Mißgeschick, aber sie, die entzückt war von seiner elementaren Leidenschaftlichkeit, lächelte nur und sagte: »Sie dürfen nicht gleich so erschrecken, wenn man Ihnen ungewohnte Fragen stellt. Das wird Ihnen in Paris öfters geschehen. Aber Sie müssen noch ein wenig im Benehmen lernen, und ich will Ihnen

helfen. Ich entbehre ohnehin nur schwer meinen Sekretär; wollen Sie hier an seine Stelle treten, so wäre es mir lieb.«
Er stammelte mit leuchtenden Augen überschwenglichen Dank und preßte ihre Hand, daß es weh tat. Sie lächelte, lächelte trübe – das war wieder der alte Betrug, sich geliebt zu wähnen, und der eine meinte eine Stellung, der andere Eitelkeit und der dritte Karriere. Aber immerhin, es war so schön, immer wieder daran zu vergessen. Und dann: hier hatte sie niemand anderen zu betrügen als sich selbst.
Drei Tage später war er ihr Geliebter.

Aber die gefährliche Langweile war nur verscheucht und nicht zu Tode getroffen, weiter schleppte sie sich durch die verlassenen Räume und lauerte hinter den Türen. Von Paris kam nur ärgerliche Nachricht. Der König antwortete überhaupt nicht, die Leszcyńska sandte ein paar frostige Zeilen, die ihrer Gesundheit galten und alle Hindeutung auf freundschaftliches Empfinden sorgfältig vermieden. Die Pasquillen schienen ihr unsauber und geschmacklos, auch verrieten sie zu sehr, wer sie veranlaßt hatte, und dies war geeignet, ihre Position bei Hofe, sofern man dort für sie noch ein Erinnern hatte, zu verschlechtern. Auch in dem Brief ihres Freundes Alincourt war nirgends ein Wort von Rückkehr, nicht einmal ein Flimmern der Hoffnung. Ihr war zumute wie einer Scheintoten, die unter der Erde in ihrem Sarge erwacht und schreit und tobt und gegen die Wände hämmert: aber oben hört sie keiner, mit leichten Schritten gehen die Menschen über die Erde, und ihre Stimme erstickt in der Einsamkeit. Madame de Prie schrieb noch einige Briefe, aber mit dem gleichen Gefühl, wie die Begrabenen schreien, vollkommen bewußt, daß niemand sie hören würde, daß sie ohnmächtig gegen die Schranken ihrer Einsamkeit hämmerte. Aber sie betrog die Zeit damit, und die Zeit war hier in Courbépine ihr bitterster Feind.

Auch das Spiel mit dem jungen Burschen langweilte sie schon. Sie hatte nie Standhaftigkeit in ihren Neigungen gezeigt (was auch hauptsächlich ihren Sturz verschuldete), und die paar Worte Liebe, die rasch verlernte Ungeschicklichkeit dieses Burschen, dem sie erst die guten Kleider, die seidenen Strümpfe und Schuhschnallen schenken mußte, konnten sie nicht beschäftigen. Ihr Wesen war so überfüttert mit vielen Menschen, daß der Einzelne ihr bald langweilig war und sie sich selbst, sobald sie allein war, widerlich und verhungert erschien. Es war ein hübsches Spiel gewesen, diesen timiden Bauern zu verführen, seine ungeschickten Zärtlichkeiten zu belehren, den Bären tanzen zu lassen; ihn zu besitzen, war lästig und ihr nachgerade peinlich. Und dann: er behagte ihr nicht mehr. Was sie so sehr entzückt hatte, war die Verehrung gewesen, die er ihr entgegengebracht hatte, die Hingebung und die Verwirrtheit. Aber er tat sie rasch ab und entwickelte eine Vertraulichkeit, die sie anwiderte, sein ursprünglich so demütiger Blick war nun strotzend vor Wohlbehagen und Selbstgefühl, er reckte sich in den neuen Kleidern, und sie fühlte, er prunkte damit im Dorf. Irgendein Haß kam allmählich in ihr auf, weil er von ihrem Unglück, ihrer Einsamkeit all dies gewonnen hatte, weil er gesund war, mit sattem Wohlbehagen fraß, während sie vor Zorn und Kränkung immer weniger aß, abmagerte und schwach wurde. Er nahm sie schon ganz selbstverständlich, dieser Lümmel, als seine Geliebte, er räkelte sich so zufrieden im Faulbett seines Besitzes, statt noch immer den Schauer des Geschenkes zu empfinden, er wurde stumpf und träge, und sie, die verbrannte vor Unglück und Schmach, haßte mit bitterm Neid seine widrige Zufriedenheit, seine bäurische Geldgier und seinen niedrigen Stolz.

Und haßte sich selbst, weil sie so tief gesunken war und zu solchem plumpen Volk den Arm hatte ausstrecken müssen, um nicht im Schlamm der Einsamkeit zu versinken.
Sie begann, ihn aufzureizen, zu quälen. Sie war eigentlich nie boshaft gewesen, aber in ihr war das Bedürfnis, sich an irgend jemandem zu rächen für alles, für den Triumph ihrer Feinde, die Verbannung von Paris, für die unbeantworteten Briefe, für Courbépine. Und sie hatte niemand andern. Sie wollte ihn aufkitzeln aus seinem satten Behagen, ihn wieder klein machen, geduckt und weniger glücklich. Unbarmherzig warf sie ihm seine roten Hände vor, seine Unbildung, seine schlechten Manieren, aber er, der mit dem gesunden Instinkt des Mannes die Frau nicht mehr sehr achtete, die ihn einmal gerufen hatte, war trotzig, lachte und schüttelte die Scherzworte unwillig ab. Sie aber ließ nicht nach: es war ein hübsches Spiel in der Langweile, einen aufzureizen. Sie suchte ihn eifersüchtig zu machen, erzählte bei allen Anlässen von ihren Geliebten in Paris und zählte sie ihm an den Fingern auf. Sie zeigte ihm Geschenke, die sie bekommen hatte, sie übertrieb und log. Aber all das schmeichelte ihm nur, daß sie ihn nach Herzögen und Prinzen erwählt hatte. Er schmatzte behaglich

und kam nicht aus seiner Ruhe. Das reizte sie noch mehr. Sie erzählte ihm andere Dinge, schlimmere, sie log ihm vor von den Reitknechten, den Kammerdienern. Seine Stirne verwölkte sich endlich. Sie bemerkte es, lachte und erzählte weiter. Plötzlich schlug er mit der Faust auf:
»Genug! Warum erzählst du mir das alles?«
Sie machte ein ganz unschuldiges Gesicht.
»Weil es mir so gefällt.«
»Ich will es aber nicht!«
»Aber ich, mein Lieber, sonst täte ich es ja nicht.«
Er schwieg und biß sich auf die Lippen. Sie hatte einen so gebietenden, so selbstverständlich gebietenden Ton, daß er sich wie ein Knecht fühlte. Er ballte die Fäuste. Wie er tierisch wird im Zorn, dachte sie, und hatte ein Gefühl des Ekels und der Angst zugleich. Sie spürte das Gefährliche der Atmosphäre. Aber es war zuviel aufgespeicherte Wut in ihr, sie mußte ihn noch weiter quälen. Sie begann von neuem. »Wie du dir das Leben vorstellst, mein Kleiner. Glaubst du, man lebt in Paris wie hier in euren Hundehütten, wo man sich langsam zu Tode langweilt?«
Seine Nasenflügel schnoben. Dann sagte er:
»Man muß ja nicht herkommen, wenn man es zu langweilig findet.«

Sie spürte tief innen den Stich. Auch er wußte also schon von ihrer Verbannung. Der Kammerdiener hatte es wohl ausposaunt. Sie fühlte, daß sie schwächer wurde, seit er das wußte, und nahm ein Lächeln vor ihre Angst.

»Mein Lieber, es gibt Gründe, die man nicht versteht, auch wenn man ein wenig Latein gelernt hat. Vielleicht wären bessere Manieren nützlicher gewesen.«

Er blieb stumm. Aber sie hörte ihn leise vor Wut schnauben. Das reizte sie noch mehr, sie empfand es wie Wollust, ihm weh zu tun.

»Überhaupt, wie du dastehst, breitspurig wie ein Hahn auf dem Düngerhof. Und warum schnaubst du so? Wie ein Rüpel benimmst du dich!«

»Es kann nicht jeder ein Prinz sein, ein Herzog oder ein Reitknecht.«

Er war rot im Gesicht und hatte geballte Fäuste. Aber sie, vergiftet von all ihrem Unglück, sprang auf. »Ruhig! Du vergißt, wer ich bin. Ich verbiete mir solche Worte von einem Bauernlümmel!«

Er machte eine Geste.

»Ruhig! Oder ...«

»Oder?«

Frech stand er da. Und da fiel ihr ein, daß sie kein Oder mehr hatte. Sie konnte nicht mehr in die

Bastille schicken, nicht degradieren, verweisen lassen, konnte niemandem mehr befehlen und verbieten. Sie war nichts, eine wehrlose Frau, wie Hunderttausende in Frankreich, ausgeliefert jeder Beschimpfung, jeder Unbill.
»Oder« – sie rang nach Atem – »ich lasse dich von den Dienern hinauswerfen.«
Er zuckte mit den Achseln und wandte sich um. Er wollte gehen.
Aber sie ließ ihn nicht. Nein, nicht er durfte ihr den Abschied geben, noch einer sie wegstoßen, und am wenigsten dieser. All ihr Zorn brach plötzlich los, die Bitternis von Tagen, sie fiel ihn förmlich an wie eine Trunkene.
»Hinaus mit dir! Glaubst du, ich brauche dich, du dummer Bauernlümmel, weil ich Mitleid mit dir hatte? Fort! Mach mir nicht länger die Dielen schmutzig, geh, wohin du willst, aber nicht nach Paris, nicht zu mir. Weg! Mir graut vor dir, vor deiner Gier, deiner Einfalt, deiner blöden Zufriedenheit, du bist mir widerlich. Hinaus!«
Da geschah das Unerwartete. Er hatte, als sie ihn so plötzlich mit ihrem Hasse anfiel, die Fäuste wie einen unsichtbaren Schild vor sich gehalten, aber jetzt fielen sie plötzlich schwer wie stürzende Steine auf sie nieder. Sie schrie auf und starrte ihn an. Er aber schlug und schlug in blin-

der Rachsucht, berauscht vom Bewußtsein seiner Kraft, auf sie los, schlug all den Neid, den er auf die reiche, die vornehme, die kluge Aristokratin als Bauer hatte, den Haß des mißachteten Mannes gegen die Frau, alles schlug er in ihren schwachen, zuckend sich aufbäumenden Körper hinein. Sie schrie zuerst, wimmerte leise und verstummte dann. Die Schmach schmerzte sie mehr als die Schläge. Irgend etwas wurde tot in ihr in dieser Sekunde. Sie schwieg, fühlte seine Wut, schwieg und schwieg.
Da hielt er inne, erschöpft und erschrocken vor der eigenen Tat. Ein Ruck ging durch ihren Körper. Er glaubte, sie wolle aufstehen, hatte Angst vor ihren Augen und flüchtete hinaus. Aber es war nur das niedergeknechtete Weinen, das endlich wie ein Krampf ihren Körper aufriß.
So zerbrach sie selbst ihr letztes Spielzeug.

Die Tür war längst hinter ihm zugefallen, und sie regte sich noch immer nicht. Sie blieb liegen wie ein zu Tode gehetztes Tier, leise nur röchelnd und ganz ohne Angst schon, ohne Gefühl, ohne Bewußtsein von Schmerz oder Beschämung. Eine unsägliche Mattigkeit erfüllte sie, sie spürte nicht Rachsucht, nicht Empörung mehr, nur Mattigkeit, unsägliche Mattigkeit, als sei mit den Tränen ihr ganzes Blut entströmt, und hier läge nur ihr lebloser Körper, niedergehalten von seiner Schwere. Sie versuchte gar nicht aufzustehen; sie wußte nicht mehr, wohin sie mit sich sollte, nachdem sie solches erlebt.

Der Abend trat langsam in das Zimmer herein, und sie fühlte ihn nicht. Denn der Abend ist leise. Nicht wie der Mittag blickt er frech durch die Fenster, er strömt wie dunkles Wasser aus den Wänden, hebt die Decke ins Nichts hinauf, schwemmt alle Dinge sacht hinunter in seine lautlose Flut. Als sie aufsah, war Dunkel um sie und Schweigen, nur irgendwo trippelte die kleine Uhr ins Endlose hinein. Die Vorhänge lagen in so finsteren Falten, als verberge sich hinter ihnen ein ganz Ungeheuerliches, die Türen waren irgendwie in die Wand versunken, so daß rings das Zimmer schwarz verschlossen schien, wie ein vernagelter Sarg. Nirgends war Eingang mehr und Ausgang, alles war unbegrenzt und doch versperrt, alles schien heranzudrängen und die Luft so zusammenzudrücken, daß man bloß röcheln konnte und nicht atmen.

Nur rückwärts glänzte ein Weg ins Ungewisse; der hohe Spiegel, der im Dunkel leise glitzerte wie die nächtige Fläche eines sumpfigen Teiches, und dem nun, wie sie sich aufrichtete, etwas

Weißes entwallte. Sie stand auf, trat näher; es schwelte wie ein Rauch daraus, ein gespenstisches Wesen: sie selbst, die näher kam und rasch wieder zurückwich.

Ihr graute. Irgend etwas in ihr schrie nach Licht. Aber sie wollte niemanden rufen, entzündete selbst den Feuerschwamm und flammte dann eine nach der anderen die Kerzen des Leuchters an, der mit seinem matten Erz leise schimmernd auf dem Marmor der Konsole stand. Die Flammen zuckten, tasteten zitternd in das Dunkel hinein, wie heiße Menschen, die in kühles Bad treten, wichen zurück, griffen wieder hinein, und endlich ründete sich eine zitternde Wolke von Licht über dem Leuchter und schwebte in immer weiteren Kreisen bis zur Decke empor. Hoch oben, wo sonst zarte Amoretten wolkenbeflügelt sich im Blau schaukelten, lag grauer Nebelschatten, unruhig durchzuckt von den leisen Blitzen der aufzuckenden Flammen. Die Dinge rings schienen wie aufgeschreckt aus ihrem Schlaf, reglos standen sie da, hoch hinter ihnen krochen die Schatten wie ein niedriges Getier und machten sie schreckhaft.

Aber der Spiegel lockte und lockte. Dort regte sich immer etwas, wenn sie ihn ansah. Sonst war alles stumm um sie und feindlich, die Dinge wa-

ren verschlafen, und die Menschen stießen sie weg. Sie konnte niemanden fragen, zu keinem klagen: dort aber war noch etwas, was Antwort gab, was nicht stumpf blieb, was sich regte und sie deutend ansah. Aber was sollte sie ihn fragen? Sie hatte selten in Paris gefragt, ob sie schön sei. In den funkelnden Augen der Männer, die sie begehrten, war ihr Spiegel gewesen. Sie wußte, daß sie schön war, an den Triumphen, an den heißen Nächten, wußte es schon am Staunen der Leute, wenn sie im Wagen nach Versailles fuhr. Ihnen hatte sie geglaubt, auch wenn sie logen, denn das Vertrauen an ihre Gewalt war schon selbst ihre Macht. Aber nun, was war sie nun, daß sie gedemütigt war?
Sie sah angstvoll hinein in das flackernd bestrahlte Glas, als stünde ihr Schicksal darin und blickte zurück auf sie. Sie erschrak: war sie das wirklich? Ihre Wangen schienen ihr eingefallen und ohne Frische, ein böser Zug um den Mund höhnte sie an, die Augen lagen tief in den Höhlen und sahen schreckhaft, wie hilfesuchend, heraus. Sie schüttelte sich. Das war Spuk. Und lächelte in den Spiegel hinein. Aber das Lächeln kam frostig und höhnisch zurück. Sie tastete ihren Leib ab: ja, der Spiegel log nicht, sie war mager geworden, kindlich mager, und die Ringe schlotter-

ten an ihren Fingern. Sie fühlte das Blut kühler durch die Adern gehen. Ihr graute. War also alles vorbei, auch die Jugend? Ein Ingrimm kam sie an, sich selbst zu verhöhnen, die Gefeierte, die Herrin Frankreichs, und wie aus einem Traum heraus sprach sie die Verse Voltaires, mit denen er ihr sein Drama gewidmet hatte, die Verse, die ihre Schmeichler so gerne wiederholten:

Vous qui possedez la beauté
Sans être vaine et coquette
Et l'extrème vivacité
Sans être jamais indiscrète,
Vous à qui donnerent les Dieux
Tant des lumières naturelles,
Un esprit juste, gracieux,
Solide dans le sérieux
Et charmant dans les bagatelles.

Jedes Wort schien ihr Hohn zu sprechen, und sie starrte, starrte in den Spiegel hinein, ob die drüben sie nicht verhöhnte.
Sie hob den Leuchter, um sich besser zu sehen. Und je näher sie ihn hielt, um so mehr schien sie zu altern. Jede Minute, die sie hineinblickte, schien Jahre wegzutrinken von ihrem Leben, sie sah sich immer fahler, immer bleicher, kränklicher, immer greisenhafter werden, sie fühlte

sich altern, ihr ganzes Leben schien zu vergehen. Sie zitterte. Ihr ganzes Schicksal sah sie grauenhaft in dem Spiegel aufgetan, ihren ganzen Verfall, und sie konnte sich nicht satt sehen und starrte immer und immer auf die weiße verzerrte Maske dieser alten Frau, die sie selber war.
Da plötzlich zuckten die Kerzen alle zugleich auf wie erschreckt, die Flammen suchten blau von den Dochten wegzufliegen. Eine dunkle Gestalt stand im Spiegel, ihre Hand griff nach ihr.
Sie schrie gellend auf und schleuderte zur Abwehr den erzenen Leuchter in den Spiegel, daß tausend Funken daraus sprangen. Die Kerzen stürzten, erloschen. Dunkel ward um sie und in ihr, die ohnmächtig zusammenbrach. Sie hatte ihr Schicksal gesehen.

Der Kurier, der eingetreten war, um die Nachrichten aus Paris zu überbringen, und dessen jähe Erscheinung im Rahmen Madame de Prie so erschreckt hatte, sah nur die flirrenden Blitze der zerklirrten Spiegelscheibe und hörte einen dumpfen Sturz im Dunkel. Er sprang hinaus, holte die Diener. Sie fanden Madame de Prie auf dem Boden zwischen den funkelnden Splittern und den erloschenen Kerzen reglos hingestreckt, mit geschlossenen Augen. Nur die bläulichen

Lippen zitterten leise und verrieten eine Spur des Lebens. Man trug sie zu Bett, ein Diener machte sich auf und ritt nach Amfreville, den Arzt zu holen.
Aber die Kranke erwachte bald, fand sich mühsam zurecht inmitten der erschreckten Gesichter. Sie wußte nicht genau, wieso sie hierhergekommen war, aber sie bezwang ihre Angst, ihre Müdigkeit vor den anderen, hielt sich ihr immer bereites, aber nun schon wie zu einer Maske erstarrtes Lächeln vor die blutlosen Lippen und fragte mit einer Stimme, die sich bemühte, sorglos und fast heiter zu sein, was denn mit ihr geschehen sei. Ängstlich und mit ausweichenden Worten gaben die Diener Bericht. Sie antwortete nichts, lächelte und griff nach dem Brief.
Aber es wurde ihr schwer, das Lächeln nicht sinken zu lassen. Ihr Freund teilte darin mit, es sei ihm endlich gelungen, mit dem König zu sprechen. Der König sei noch immer höchlichst erzürnt gegen sie, weil sie die Finanzen des Landes zerrüttet und das Volk erregt habe, aber es sei Hoffnung vorhanden, in zwei oder drei Jahren, ihre Rückberufung nach Paris zu erwirken. Das Blatt zitterte in ihren Händen. Zwei Jahre sollte sie fern von Paris leben, ohne Menschen, ohne Macht: sie war nicht stark genug, so viel Einsam-

keit zu ertragen. Das war ihr Todesurteil. Sie wußte, daß sie nicht atmen konnte ohne Glück, ohne Reichtum, ohne Macht, ohne Jugend, ohne Liebe, nicht hier Bäuerin werden, nachdem sie die Herrin Frankreichs gewesen war.

Und mit einem Male verstand sie jene Gestalt im Spiegel, die nach ihr gegriffen hatte, und das Verlöschen der Flammen: sie mußte ein Ende machen, ehe sie ganz alt wurde, ganz häßlich und ganz unglücklich. Den Arzt, der inzwischen gekommen war, empfing sie nicht: der König allein hätte ihr helfen können. Er wollte nicht, so mußte sie sich selbst helfen. Der Gedanke tat ihr nicht mehr weh. Sie war ja längst schon gestorben, damals als der Offizier in ihrem Zimmer stand und ihr alles nahm, wovon sie lebte, die Luft von Paris, in der sie einzig atmen konnte, die Macht, die ihr Spielzeug war, die Bewunderung und den Triumph, dem sie ihre Kraft dankte. Die Frau, die hier einsam, gelangweilt, erniedrigt in den leeren Zimmern umherschlich, war nicht mehr Madame de Prie, war ein alterndes, unglückliches, häßliches Wesen, das sie töten mußte, damit sie nicht länger den Namen schände, der einst über Frankreich gefunkelt hatte.

Seit die Verbannte den Entschluß gefaßt hatte, selbst ein Ende zu machen, war mit einem Male die Starre, die Schwere, die drängende Unruhe von ihr gewichen. Sie hatte wieder ein Ziel, eine Beschäftigung, etwas, das sie in Atem hielt, sie anspannte und mit vielfältigen Möglichkeiten reizte. Denn sie wollte ja nicht hier wegsterben wie ein Tier, das in der Ecke verröchelt, sie plante irgend etwas Geheimnisvolles, Mystisches, das ihren Tod umschweben sollte. Heroisch, legendär wollte sie sterben, wie die Königinnen des Altertums. Ihr Leben war funkelnd gewesen: so sollte auch ihr Tod sein, er sollte noch einmal die schläfrige Bewunderung der Tausende aufrütteln. Niemand in Paris sollte ahnen, daß sie hier qualvoll unterging, erdrosselt von Einsamkeit und Ungnade, verbrannt von unerfüllter Machtgier, alle wollte sie betrügen durch eine Komödie des Todes. Die Lust ihres Lebens, der Betrug, riß ihr Herz wieder auf. In einem lodernden Brand der Heiterkeit, wie zufällig, wollte sie enden, nicht zuckend verlöschen wie ein weggeworfenes Wachslicht, das auf der Erde sich krümmt und mitleidig zertreten wird. Tanzend wollte sie hinab in den Abgrund.

Am nächsten Tag flatterte eine Anzahl Billette von ihrem Schreibtisch fort, zärtliche, bittende, verführerische, herrische, versprechende Zeilen, von weichem Parfüm getragen. Sie streute ihre Einladungen über Paris und die Provinz aus, lockte jeden mit seiner Neigung, bot dem einen Jagd, dem andern Spiel, dem dritten Maskenfeste. Sie ließ durch ihre Agenten in Paris Komödianten dingen, Sänger und Tänzer, bestellte kostbare Kostüme, kündigte einen zweiten Hofstaat in Frankreich an mit allen Raffinements und Vergnügungen wie in Versailles. Sie lockte und lud Fremde und Bekannte, Vornehme und Geringe, nur Menschen wollte sie hierher, viele Menschen, viel Zuschauer für die Komödie des Glücks und der Zufriedenheit, die sie vorspielen wollte, ehe das Ende kam.

Und bald begann ein neues Leben in Courbépine. Die immer vergnügungssüchtige Gesellschaft von Paris suchte das Neuartige auf. Und dann, sie alle hatten die heimliche und ein wenig höhnische Neugier, zu sehen, wie sich die gestürzte Herrin Frankreichs in ihrem Exil zurechtfinde. Fest reihte sich an Fest. Die Karossen kamen mit den adeligen Wappen, breite Landkaleschen, vollgepackt mit übermütigem Volk, Offiziere zu Pferd, täglich fluteten andere heran, mit ihnen ein Heer von Schmarotzern und Dienern. Manche hatten Schäferkostüme mitgebracht wie zu

einem ländlichen Spiele, andere kamen in großem Pomp: das kleine Dörfchen glich einem Feldlager.
Und das Schloß wachte auf, glänzte nun stolz mit seinen entflammten Fenstern, denn es war belebt von Lachen und Reden, Spielen und Musik. Menschen gingen auf und nieder, in den Ecken, wo sonst nur grau das Schweigen hockte, flüsterten Paare. In dem Schatten der Boskette leuchtete der hellere Ton bunter Frauenkleider, Mandolinen zitterten mit übermütigem Geklimper freche Lieder in die Nacht hinein. Diener liefen die Gänge entlang, Blumen randeten die Fenster ein, bunte Lichter leuchteten wie Funken farbig aus den Büschen. Man lebte das leichte Leben von Versailles, die leichte Anmut der Sorglosigkeit. Die Abwesenheit des Hofes minderte zwar ein wenig den Glanz, erhöhte aber den Übermut, der, frei von aller Etikette, die Menschen zum Tanzschritt erregte.
Madame de Prie fühlte, wie inmitten dieses Wirbels ihr erstarrtes Blut wieder feuriger zu kreisen begann. Sie war eine jener nicht seltenen Frauen, die ganz aus der Stimmung der anderen gewebt sind. Sie war schön, wenn man sie begehrte, geistreich mit klugen Menschen, hochmütig, wenn man ihr schmeichelte, verliebt, wenn man

sie liebte. Je mehr man von ihr erwartete, desto mehr gab sie. In der Einsamkeit aber, wo sie keiner sah, ansprach, hörte und verlangte, war sie häßlich geworden, dumm, hilflos und unglücklich. Sie ward erst lebendig im Leben und sank in der Einsamkeit zum Schatten zusammen. Und jetzt, da ein Abglanz ihres früheren Lebens sie umschwirrte, funkelte all ihre Heiterkeit, ihre sorglose Anmut wieder empor, sie war wieder geistreich, gefällig, sie bezauberte, unterhielt, flammte auf in dem Feuer von Blicken, die an ihr sich fingen. Sie vergaß, daß sie diese Menschen betrügen wollte durch Lustigkeit, und war wirklich übermütig, sie nahm jedes Lächeln wie ein Glück, jedes Wort wie eine Wahrheit, stürzte sich fiebrig in den Genuß der langentbehrten Geselligkeit wie in den Arm eines Geliebten.
Immer wilder ließ sie diese Feste sein, immer mehr Menschen rief, lockte sie her. Und immer mehr kamen. Denn damals, nach dem Bankbruch Laws, war das Land verarmt, sie aber warf mit vollen Händen die Millionen, die sie während ihrer Regentschaft erpreßt hatte, in den Wind. Das Geld rollte auf den Spieltischen, verprasselte in kostbaren Feuerwerken, zerrann in exotischen Launen, aber immer wilder warf sie es weg wie eine Verzweifelte. Die Gäste staunten, von der

Verschwendung und Pracht dieser Feste überrascht: keiner wußte, wem zu Ehren sie eigentlich gegeben waren. Und sie vergaß im wilden Wirbel beinahe selbst daran.

Den ganzen Monat August rauschten die Feste. September kam mit den bunten Früchten im Haar der Bäume und den golden durchwirkten Abendwolken. Schon wurden die Gäste spärlicher, die Zeit drängte.

Aber Madame de Prie hatte inmitten der Lustbarkeiten beinahe ganz ihre Absicht vergessen. Sie wollte die anderen mit Rausch und Prunk betrügen und betrog sich selbst damit, ihre Leichtfertigkeit verlor sich so sehr an dieses Abbild ihres früheren Lebens, daß sie es für wirklich nahm, selbst an ihre Macht, ihre Schönheit, ihre Lebensfreude glaubte.

Freilich, eines war anders, und das tat ihr weh. Die Menschen waren alle freundlicher zu ihr, seitdem sie nichts mehr war, wärmer und doch wieder kühler. Die Frauen beneideten sie nicht mehr, stichelten nicht mit den kleinen Bosheiten, die Männer umdrängten sie nicht. Man lachte mit ihr, nahm sie als guten Kameraden, aber man log nicht mehr Liebe, bettelte nicht, schmeichelte nicht, befeindete sie nicht, und daran spürte sie, daß sie ganz machtlos war. Ein Leben ohne Neid, ohne Haß, ohne Lüge war nicht lebenswert. Sie erkannte mit Grauen, daß sie eigentlich schon vergessen war: der Wirbel schwang noch so wild wie früher, aber sie war nicht Mittelpunkt mehr. Die Männer lachten mit den anderen Frauen, deren Jugend und Frische sie zum erstenmal bemerkte: es war Zeit, die Welt wieder an sie zu erinnern, ehe sie alt ward und ihnen fremd.

Sie zögerte von Tag zu Tag mit ihrem Entschluß. In ihr zitterte ein Gefühl, halb Angst, halb Hoffnung, irgend etwas möchte sie noch festhalten, noch zurückreißen von dem verzweifelten Sprung ins Unwiderrufliche. War unter all den Händen, die nach ihren Tafeln griffen, Frauen im Tanze umschlangen, das Gold über den Spieltisch rollten, nicht vielleicht doch eine, die sie halten konnte, halten wollte, kein Mensch, der sie so liebte, daß sie das bunte Spiel der vielen Menschen ruhig missen konnte, ihn eintauschen gegen den gleitenden Besitz königlicher Macht? Ohne es zu wissen, suchte sie, warb sie bei allen Männern um Leidenschaft, denn sie warb damit um ihr Leben. Aber sie gingen alle an ihr vorbei.

Da traf sie eines Tages einen jungen Kapitän der königlichen Garde, einen hübschen, lustigen

Burschen, der ihr schon früher aufgefallen war, in dem schon dämmernden Park, wie er mit verzerrtem Blick und verbissenen Zähnen zwischen den Bäumen hin und her irrte und manchmal mit der Faust gegen die Stämme schlug. Sie sprach ihn an. Er gab verwirrt Antwort, sie merkte, daß irgendein Geheimnis ihn unruhig mache, und forschte seiner Verzweiflung nach. Er gestand schließlich, daß er hundert Louisdor im Spiel verloren habe, die ihm vom Regiment anvertraut waren. Nun war er ein Dieb und mußte sich selbst Gerechtigkeit tun. Wie seltsam mahnend sie das fühlte, daß hier, inmitten des fröhlichen Tumults, noch ein anderer mit dem gleichen dunklen Entschlusse ging. Aber freilich, dieser war jung, hatte rote Wangen und konnte wieder lachen: ihm war noch zu helfen. Sie berief ihn in ihr Zimmer und schenkte ihm fünfhundert Louisdor. Er zitterte vor Glück und küßte ihre Hände. Sie hielt ihn lange zurück, aber er begehrte von ihr nichts, mit keinem Blick, mit keiner Geste. Sie zitterte: nicht einmal kaufen konnte sie sich mehr die Liebe. Das ermunterte wieder ihren Entschluß.

Sie entließ ihn und trat rasch hinab in den Saal. Gelächter schlug ihr entgegen, als sie die Tür auftat, eine Wolke fröhlicher Stimmen, bunter Men-

schen füllte den Raum. Und plötzlich spürte sie einen Haß gegen alle, die hier so freudig waren, die tanzten und lachten auf ihrem Grabe. Neid packte sie, daß all die leben würden und zufrieden sein.
Sie verbrannte vor böser Lust, diese Menschen zu stören, zu erschrecken, zu verwirren, ihnen ihr Lachen zu zerreißen. Und plötzlich, als für eine Sekunde der Übermut schlaff ward und einem Schweigen Raum gab, sagte sie unvermittelt: »Merkt ihr denn nicht, daß ein Toter im Hause ist?«
Einen Augenblick gab es Verwirrung. Denn selbst dem Trunkenen fällt das Wort des Todes wie ein Hammer auf das Herz. Wirr fragten sie durcheinander. Aber Madame de Prie sagte kalt, ohne eine Miene zu verziehen: »Ich selbst. Ich werde den Winter nicht mehr erleben!«
So ernst sagte sie das, so düster, daß alle stumm einander anblickten. Für eine Sekunde freilich nur. Dann aber flog ein Scherzwort aus einem Winkel auf wie ein bunter Ball, ein anderer warf es zurück, und wie belebt von diesem seltsamen Einfall schwoll die Welle von Übermut wieder schäumend empor und begrub das Unbehagen der ersten Verblüffung.
Madame de Prie blieb sehr ruhig. Sie fühlte, jetzt

gab es kein Zurück mehr. Aber es reizte sie, die Prophezeiung nun noch verblüffender zu gestalten. Sie trat zu einem der runden Tische, wo Pharao gespielt wurde, und wartete auf die nächste Karte, die aufschlug. Es ward ein schwarzer Siebener. »Am siebenten Oktober also.« Unwillkürlich hatte sie es halblaut gesagt.

»Was ist am siebenten Oktober?« fragte einer der Zuschauer daneben.

Sie sah ihn ruhig an: »Mein Todestag!«

Alle lachten. Man erzählte den Scherz weiter. Und Madame de Prie fühlte unbändige Lust, als sie bemerkte, daß niemand ihr glaubte. Im Leben traute man ihr also nichts mehr zu, so sollten sie im Tode erkennen, wie erbärmlich sie mit ihnen Komödie gespielt hatte. Ein wunderbares Gefühl der Überlegenheit, der Lust, der Leichtigkeit zuckte in ihren Gliedern, ihr war, als müßte sie aufjauchzen vor Übermut und Hohn.

Nebenan rauschte die Musik. Ein Tanz hatte eben begonnen. Sie trat in die Reihen und tanzte nie besser als damals.

Von dieser Minute gewann ihr Leben wieder einen Sinn. Sie wußte, daß sie eine Tat vorbereitete, die sie unsterblich machen mußte. Sie malte sich das Erstaunen des Königs aus, das Erschrekken der Gäste, wenn sich die Voraussage ihres

Todes auf den Tag erfüllen würde. Und sie bereitete die Komödie ihres Todes auf das sorgfältigste vor, sie lud immer mehr Gäste ein, verdoppelte den Aufwand, sie baute wie an einem Kunstwerk an der vielfältigen Pracht dieser letzten Tage, um den jähen Absturz desto fühlbarer zu machen. Sie ließ bei allen Gelegenheiten die Verheißung ihres Todes wieder sichtbar werden, warf immer aber den glitzernden Vorhang der Heiterkeiten darüber, sie wollte, daß alle von der Ankündigung wußten und keiner sie doch glaubte. Der Tod erst sollte ihren Namen wieder in den Rang der Unvergeßlichen emporheben, von dem der König sie herabgestoßen hatte.

Zwei Tage bevor sie ihren unabänderlichen Entschluß ausführen wollte, gab sie das letzte Fest, das prunkvollste von allen. In Frankreich war, seit sich zum erstenmal die persischen und anderen islamitischen Gesandtschaften in Paris gezeigt hatten, das Orientalische Mode geworden, man schrieb Bücher in Verkleidung des Morgenlandes, übertrug die Märchen und Legenden, kostümierte sich gern auf arabische Weise und imitierte den blumenreichen Stil der Rede. Madame de Prie hatte mit ungeheuren Kosten das ganze Schloß in einen orientalischen Palast verwandeln lassen. Kostbare Teppiche schmückten den Boden, an den Fensterstangen wiegten sich, mit silbernen Ketten gehalten, krächzende Papageien, weißgefiederte Kakadus, die Diener eilten in Turbanen und breiten seidenen Hosen lautlos durch die Gänge und brachten die damals ganz unbekannten türkischen Süßigkeiten und Erfrischungen den durch so abenteuerliche Pracht geblendeten Gästen. Im Garten waren farbige Zelte aufgeschlagen, Knaben mit breiten Fächern wedelten Kühlung, Musik klang aus dem Dunkel der Boskette, alles war aufgeboten, diesen Abend märchenhaft und unvergeßlich zu machen, und der Halbmond, der silbern in jener Nacht über dem sternbesäten Himmel hing, begünstigte das berechnete Spiel der Phantasie, die geheimnisvolle Schwüle einer Nacht am Bosporus heraufzuzaubern.

Die eigentliche Überraschung aber bot ein ganz besonders geräumiges Zelt, das mit rotsamtenen Vorhängen eine Bühne verschloß. Madame de Prie hatte, um im vollen Glanze ihres Ruhmes, ihrer Schönheit den Gästen gewärtig zu sein, beschlossen, selbst Komödie zu spielen: das sollte ihr letzter, ihr schönster Betrug sein, vor ihrem Tode noch einmal die ganze Heiterkeit und Leichtigkeit ihres Lebens über die Menschen hinzustrahlen. In den wenigen Tagen, die ihr

noch blieben, hatte sie bei einem jungen Dichter ein Stück bestellt, das er ganz nach ihren Angaben anfertigen mußte. Die Zeit war kurz und die Alexandriner schlecht, aber dies war ihr nicht das Wesentliche. Die Tragödie spielte im Morgenlande, und sie hatte sich die Rolle der Zengane bestimmt, einer jungen Königin, der ihr Reich von Feinden genommen wird und die stolz in den Tod geht, obwohl ihr der großmütige Sieger anbietet, seine ganze Königsmacht mit ihr als Gemahlin zu teilen. So hatte sie sich es ausbedungen: sie wollte ihren freiwilligen Tod den Ahnungslosen vorspielen, ehe sie ihn wirklich machte. Und dann: sie wollte, wenn auch nur im Spiele, einmal noch ihre Vergangenheit erleben, einmal noch Königin sein, wollte zeigen, daß sie dazu geboren war und sterben mußte, sobald man ihr die Gewalt nahm.
Ihr Ehrgeiz war, schön und königlich zu sein an jenem letzten Abend, da Menschen sie sahen; sie wollte ihr Bild für die Vergangenheit mit einer unsichtbaren Krone schmücken, ihrem Namen jenen reinen Schauer der Ehrfurcht sichern, der alles Erhabene umweht. Die Schminke begrub die Blässe der eingefallenen Wangen, ihre Magerkeit verlor sich in den wallenden orientalischen Gewändern, ihre ermatteten Augen waren über-

funkelt von dem verwirrenden Glanz der Edelsteine, die auf ihrem Haar glänzten wie an feuchten Morgen Tau auf einer dunklen Blüte. Und als sie so in dem von innerer Leidenschaft noch unendlich gemehrten Glanz hinter dem wegrauschenden Vorhang erschien, umgeben von den knienden Dienern, dem ehrerbietig aufstaunenden Volk, da ging ein Rauschen durch die Reihen ihrer Gäste. Ihr pochte das Herz: zum erstenmal seit jenen bittern Wochen fühlte sie die schöne Welle der Bewunderung zu sich aufrauschen, die ihr Leben so lange getragen hatte, und ein wundersames Gefühl brach in ihr auf, eine süße Wehmut, gemengt mit einer melancholischen Lust, ein Bedauern, das immer wieder zurückflutete in ein großes Glücklichsein. Vor ihr gaukelte die Brandung, sie sah keine einzelnen Menschen mehr, es war nur eine Masse, vielleicht ihre Gäste, vielleicht ganz Frankreich, vielleicht die Nachwelt, vielleicht die Ewigkeit. Und sie fühlte nur selig dies eine, daß sie oben stand, wieder einmal oben, beneidet, bewundert, angefunkelt von der Neugier all dieser namenlosen Blicke, und hatte nun endlich, endlich, nach wie langer Zeit, wieder das Bewußtsein, zu leben, lebendig zu sein. Und diese Sekunde Leben war mit dem Tode nicht zu teuer erkauft.

Wunderbar spielte sie Theater, sie, die es niemals versucht hatte. Denn all das, was andere Menschen behindert, Gefühle vor andern zu verkörpern, Angst, Bangen, Scham, Befangenheit, all das war von ihr abgefallen, sie spielte ja wirklich nur mit den Dingen. Sie wollte Königin sein und war es wieder eine Stunde lang. Nur einmal versagte ihr der Atem, als sie die Zeile sprach:
»Je vais mourir, oh ne me plaignez pas!«, denn sie fühlte, daß sie da ihren tiefsten Lebenswunsch aussprach, und hatte Angst, man möchte sich nicht betrügen lassen, möchte sie begreifen, sie warnen, sie zurückhalten. Aber gerade das Aussetzen nach diesem Schrei schien den anderen so unwiderstehlich glaubhaft gespielt, daß ein Schauer durch ihre Reihen ging. Und als sie mit der wilden Geste den Dolch gegen ihr Herz schwang, hinstürzte und in einem Lächeln zu vergehen schien, als das Spiel zu Ende war, das nun eigentlich erst begann, da stürmten sie empor, umjubelten sie und huldigten ihr mit einer Begeisterung, die sie selbst in den Tagen ihrer höchsten Macht nicht gekannt hatte.
Sie aber hatte nur ein Lächeln für all den Aufruhr. Und als man sie bekomplimentierte, wie herrlich sie den Tod der Zengane dargestellt hatte, sagte sie ruhig: »Sollte ich es denn heute

noch nicht wissen, wie man stirbt? Der Tod sitzt doch schon in mir, übermorgen ist alles vorbei.«

Man lachte wieder. Aber nun tat es ihr nicht mehr weh. In ihr war schon eine so selige schmerzentbundene Heiterkeit, eine so kindhaft übermütige Freude darüber, alle diese Begeisterten betrogen zu haben, daß sie unwillkürlich in das flatternde Gelächter einstimmte. Sie hatte früher nur immer mit Menschen und der Macht gespielt: jetzt merkte sie, es war kein Spielzeug heiterer als der Tod.

Am nächsten Tag, dem letzten vollen Tag ihres Lebens, verloren sich die Gäste: sie wollte den Tod allein empfangen. Die Karossen rollten weißen Wolkenstaub in die Ferne, die Reiter trabten fort, die Säle wurden leer von Lachen und Licht, unruhiger Wind geisterte im Kamin. Ihr war, als strömte mit diesen Menschen das Blut langsam aus ihren Adern, immer frostiger fühlte sie sich werden, immer schwächer, wehrloser und ängstlicher. Der Tod, der ihr gestern so leicht schien, wie im Spiel zu nehmen, zeigte mit einem Male der wieder Einsamen sein Grauen und seine Gewalt.

Und alles wurde wieder wach, was sie schon gebändigt und zertreten glaubte. Der letzte Abend kam: und wiederum krochen die schlangenhaften Schatten, die, vom Licht verschreckt, hinter den Dingen gelegen hatten, züngelnd aus ihren Verstecken. Das Grauen, erstickt vom Gelächter, übertüncht mit den bunten Bildern vieler Menschen, trat wieder allgewaltig in die verlassenen Räume. Das Schweigen hatte sich nur geduckt unter dem Schwall von Stimmen: jetzt breitete es sich wieder aus wie Nebel, erfüllte die Zimmer, die Säle, die Stufen, die Gänge und auch das schauernde Herz.

Am liebsten hätte sie sogleich ein Ende gemacht. Aber sie hatte den siebenten Oktober gewählt und durfte den Betrug nicht zerstören, dies künstliche, mit vielen Lügen flimmernde Gebäude ihres Triumphes, nicht um einer Laune willen vernichten. Sie mußte warten. Aber das war ärger als Totsein, dieses Warten auf die Stunde des Todes, während draußen der Wind höhnte und hier dunkle Schatten nach ihrem Herzen griffen. Wie sollte sie das ertragen können, diese lange letzte Nacht vor dem Tode, diese unendliche Zeit bis zur Morgenröte? Immer näher drängten sich die dunklen Dinge geisterhaft heran, alle Schatten ihres vergangenen Lebens stiegen aus den Grüften – sie flüchtete vor ihnen von Zimmer zu Zimmer, aber sie starrten von den Bildern, grinsten hinter den Fenstern, duckten sich hinter den Schränken. Die Toten faßten schon nach der, die noch lebte und Menschen wollte, Menschen nur für die eine Nacht. Sie sehnte sich nach irgendeinem, wie nach einem Mantel, um sich fröstelnd einzuhüllen, bis der Morgen graute.

Plötzlich schellte sie, daß die Glocke gell aufschrie wie ein getroffenes Tier. Ein Diener kam schlaftrunken herauf. Sie befahl ihm, er möchte sofort zu dem Neffen des Pfarrers gehen, ihn wecken und herbringen. Sie habe wichtige Nachricht für ihn.

Der Diener starrte sie an wie eine Wahnsinnige. Aber sie spürte es nicht, sie spürte überhaupt nichts, jedes Gefühl war in ihr abgestorben. Sie schämte sich nicht, den Menschen herzurufen, der sie geprügelt hatte, sie zögerte nicht vor dem Diener, nachts einen Mann in ihr Schlafgemach zu bestellen. In ihr war nur Leere, Kälte, sie fühlte, daß ihr armer schauernder Körper Wärme brauchte, um nicht zu erfrieren. Ihre Seele war schon tot: nur den Körper mußte sie noch töten.

Nach einiger Zeit ging die Tür. Ihr früherer Geliebter trat herein. Sein Gesicht blickte kalt und höhnisch, unsäglich fremd war er ihr. Aber doch:

das Grauen duckte sich ein wenig unter die Dinge, nun er die Tür auftat und sie nicht mehr ganz allein mit ihnen war.
Er bemühte sich, sehr fest zu scheinen und sein inneres Erstaunen nicht zu verraten, denn dieser Ruf kam für ihn ganz unvermittelt. Tagelang war er, während jetzt die Feste im Schlosse wogten, mit vor Wut verkniffenen Augen um die Gittertore des Parkes herumgeschlichen, er hatte sich zermürbt mit Vorwürfen, daß er, als der Geliebte, inmitten dieses Glanzes hätte schreiten dürfen. Er verzehrte sich in Zorn, daß er sie damals so erniedrigt hatte, denn an diesen verschwenderischen Gelagen war ihm mit einem Male die ganze Gewalt des Reichtums wieder klar geworden, den er versäumt hatte auszunützen. Und dann: die Stunden mit Madame de Prie hatten ihm Gelüst gegeben nach diesen feinen, duftenden, verdorbenen Frauen mit ihren zarten, zerbrechlichen Gliedern, ihrer fremdartig aufreizenden Wollust, ihren seiderauschenden Kleidern. Und er hatte sich selbst zurückgestoßen in das ärmliche Pfarrhaus, wo alle Dinge mit einem Male ihm plump schienen, schmutzig und verbraucht. Seine einmal angestachelte Gier griff mit dem Blick nach all den Frauen, die aus Paris kamen, aber keine sah ihn an, ihre Karossen

sprengten ihn verächtlich an mit dem Kot der Räder, und die hohen Herren beachteten ihn nicht einmal, wenn er devot den Hut zog. Hunderte Male hatte es ihn getrieben, in das Schloß zu gehen und Madame de Prie zu Füßen zu stürzen, immer riß ihn die Angst zurück.

Jetzt aber ließ sie ihn rufen, und das machte ihn hochmütig. Innerlich reckte er sich auf: es war die stolzeste Stunde seines Lebens, daß sie ihn nun doch wieder brauchte.

Einen Moment lang sahen sie einander an. Kaum konnten sie den Haß in den Augen verbergen. Jeder verachtete in dieser Stunde den andern, weil er ihn mißbrauchen wollte. Madame de Prie bezwang sich. Ihre Stimme war ganz kühl.

»Der Herzog von Berlington hat mich gestern gefragt, ob ich ihm einen Sekretär empfehlen könnte. Willst du den Posten haben, so sende ich dich morgen mit einem Brief zu ihm nach Paris.«

Der Bursche zitterte. Er hatte schon eine hochmütige Geste angenommen, wollte herablassend, gnädig sein, wenn sie um ihn warb. Aber das brach jetzt zusammen. Die Gier übermannte ihn. Vor seinen Augen flimmerte Paris.

»Wenn Madame so gütig sein wollten – ich, ich wüßte kein größeres Glück für mich«, stammelte

er. Seine Augen hatten den flehenden Ausdruck eines gepeitschten Hundes.
Sie nickte. Dann sah sie ihn an: herrisch und doch wieder milder. Er verstand. Alles wurde wieder wie damals...
Und sie vergaß keine Sekunde dieser heißen Nacht, daß sie ihn haßte, verachtete, betrog – denn es gab gar keinen Herzog von Berlington – sie wußte, wie verächtlich sie selber war, daß sie sich mit einer Lüge die Liebkosungen eines Menschen kaufen mußte, aber doch, es war Leben, lebendiges Leben, das sie an seinen Gliedern fühlte, von seinen Lippen trank, und nicht das Dunkel, das Schweigen, das sie schon halten wollte. Sie fühlte, wie die Wärme seiner Jugend den Tod wegdrängte; und wußte dabei in jeder Sekunde, daß sie nur den Tod betrügen wollte, der immer mehr nahe drängte und von dessen Gewalt sie nun zum erstenmal eine Ahnung überkam.

Der Morgen des siebenten Oktober war klar, Sonne zitterte über den Feldern, und selbst die Schatten waren durchsichtig und rein. Madame de Prie kleidete sich sorgfältig an wie für ein Fest, ordnete ihre Sachen, verbrannte Briefe. Ihren Schmuck, der überaus kostbar war, verschloß sie

in eine Kassette aus Ebenholz, zerriß alle Schuldscheine und Verträge. In ihr war alles wieder klar und gefestigt, seit es Tag ward, und sie wollte Klarheit von allen Dingen.
Ihr Geliebter trat ein. Sie sprach herzlich zu ihm und ohne Groll: es tat ihr weh, daß sie diesen letzten Menschen, der ihr etwas gewesen war, wenn auch nur ein Geringes, so erbärmlich betrog. Sie wollte, daß niemand von ihr mit Groll sprechen könnte, jeder nur mit Bewunderung und Dankbarkeit. Und sie hatte Lust, die Kassette mit all dem Schmuck für diese eine Nacht ihm hinzuschütten: es war ein Vermögen.
Aber er war verschlafen und faul. In bäurischer Gier nach Besitz dachte er an nichts anderes als an seine Stellung, seine Zukunft. Und die Erinnerung an die leidenschaftliche Glut ihrer Liebkosungen machte ihn noch frecher. Unwirsch sagte er, er müsse jetzt gleich nach Paris, vielleicht käme er sonst zu spät, und forderte die Empfehlung mehr, als er sie erbat. In ihr ward etwas ganz frostig. Sie hatte ihn gemietet: nun verlangte er die Bezahlung.
Sie schrieb den Brief, den Brief an einen, der nicht lebte, den er nie finden konnte. Aber sie zögerte noch, ihn herauszugeben. Noch einmal schob sie die Entscheidung hinaus. Sie fragte, ob

er noch einen Tag bleiben wolle, sie wünschte es sehr. Und wog dabei die Kassette in der Hand. Sie fühlte, vielleicht könnte es sie noch retten, wenn er ja sagte. Aber alle Entscheidungen fielen gleich. Er hatte Eile. Er wollte nicht. Hätte er es nicht so unwirsch gesagt, so sehr fühlen lassen, daß er nur für eine Nacht sich hatte kaufen lassen, sie hätte ihm den Schmuck geschenkt, der Hunderttausende von Livres wert war. Aber er war brüsk, sein Blick frech und ohne Liebe. Da nahm sie einen einzigen, ganz kleinen Edelstein, der matt glänzte – matt wie sein Auge – gab ihn als Botenlohn dafür, daß er die Kassette, deren Inhalt er nicht ahnte, in das Ursulinerkloster in Paris bringen möge. Einen Brief fügte sie bei, der bat, Seelenmessen für sie zu lesen. Dann sandte sie den Ungeduldigen an den Herzog von Berlington.

Er dankte nicht viel und ging, ahnungslos, wie kostbar die Bürde war, die er sich selber forttrug. So betrog sie, nachdem sie allen eine Komödie ihres Gefühles gespielt hatte, noch den letzten Menschen, der in ihren Weg trat.

Dann schloß sie die Tür und nahm hastig ein kleines Flakon aus der Lade. Es war aus feinem chinesischen Porzellan gefertigt, seltsam ungeheuerliche Drachen krümmten und ringelten

sich blau darauf. Neugierig sah sie es an, spielte damit ganz so sorglos, wie sie mit den Menschen, den Fürsten, mit Frankreich, mit der Liebe und mit dem Tode gespielt hatte. Sie schraubte den Verschluß ab, goß die helle Flüssigkeit in eine kleine Schale. Einen Moment zögerte sie, eigentlich nur aus der kindischen Angst, es möchte bitter sein. Vorsichtig steckte sie, wie ein Kätzchen an heißer Milch schnuppert, die Zunge hinein: nein, es schmeckte nicht arg. Und so trank sie mit einem Zug das Glas hinunter.
Das Ganze kam ihr in dieser Sekunde irgendwie komisch und überaus lächerlich vor, daß man nur so einen einzigen kleinen Schluck tun mußte, und morgen sah man dann nicht mehr Wolken, Wiesen und Wälder, die Boten liefen, der König erschrak und ganz Frankreich staunte. Das war also die große Tat, die sie so gefürchtet hatte. Sie dachte an das Erstaunen ihrer Gäste, an die Legenden, die sich daran knüpfen würden, daß sie auf den Tag ihren Tod vorausgesagt hatte, und verstand nur das eine nicht, daß sie sich den Tod eigentlich nur gegeben hatte, weil ihr Menschen fehlten, dieselben einfältigen dummen Menschen, die man mit einer so kleinen Komödie betrügen konnte. Das ganze Sterben schien ihr leicht, man konnte sogar lächeln dabei, wirklich

– sie versuchte es – ganz gut konnte man lächeln dabei, und es war gar nicht schwer, im Tode ein schönes, friedfertiges Gesicht zu haben, strahlend von überirdischem Glück. Wirklich, noch über den Tod hinaus konnte man die Komödie der Glückseligkeit spielen, das hatte sie nicht gewußt. Alles, die Menschen, die Welt, den Tod und das Leben empfand sie mit einem Male so ungeheuer belustigend, daß unwillkürlich das vorbereitete Lächeln echt wurde auf ihren leichtfertigen Lippen. Sie richtete sich auf, als sei ihr gegenüber irgendwo ein Spiegel, wartete auf den Tod und lächelte, lächelte, lächelte.

Aber der Tod ließ sich nicht betrügen und zerbrach das Lachen. Als man Madame de Prie auffand, war ihr Gesicht zu einer entsetzlichen Grimasse verzerrt: in grimmigen Zügen stand alles darauf, was sie in den letzten Wochen wirklich erlitten hatte, die Wut, die Qual, die sinnlose Angst, der wilde verzweifelte Schmerz. Das trügerische Lächeln, um das sie so gierig gerungen hatte, war ohnmächtig zerronnen. Ihre Füße waren verrenkt von sich windender Qual, die Hände hatten sich in einen Vorhang so verkrampft, daß Fetzen zwischen den Fingern blieben, ihr Mund war offen wie zu einem gellenden Schrei.

Und auch das große Schauspiel scheinbarer Heiterkeit, die mystische Ankündigung ihres Todestages war vergebens. Die Nachricht von ihrem Selbstmord traf in Paris am Abend ein, als gerade ein italienischer Prestidigitateur am Hofe seine Künste zeigte. Er ließ Kaninchen in einem Hut verschwinden, zauberte Gänse aus Eierschalen; und als der Bericht eintraf, erregte man sich ein wenig darüber, staunte und raunte, der Name Madame de Pries machte für Minuten die Runde, aber der Zauberkünstler produzierte gerade wieder ein überraschendes Kunststück und man vergaß Madame de Prie, so wie sie selbst ein fremdes Schicksal in dieser Sekunde vergessen hätte. Das Interesse in Frankreich über ihr seltsames Ende währte nicht lange, und ihre verzweifelte Anstrengung, eine unvergeßliche Komödie zu spielen, war vergebens. Der Ruhm, den sie ersehnte, die Unsterblichkeit, die sie mit ihrem Tode erzwingen wollte, gingen an ihrem Namen vorbei: Staub und Schutt gleichgiltiger Ereignisse begruben ihr Schicksal. Denn die Weltgeschichte duldet keine Eindringlinge, sie wählt selbst ihre Helden und weist die Unberufenen mitleidlos zurück, so zudringlich sie sich auch mühen mögen; wer einmal vom rollenden Wagen des Schicksals niederstürzte, holt ihn nicht mehr ein. Und von dem merkwürdigen Ende der Madame de Prie, von ihrem wirklichen Leben und dem so künstlich ersonnenen Betrug ihres Todes blieb nichts als ein paar dürre Zeilen in irgendeinem Buch der Erinnerungen, die ebensowenig die leidenschaftliche Erregtheit ihres einstigen Geschickes ahnen lassen, wie eine gepreßte Blume das duftende Wunder ihres längstvergangenen Frühlings.

Stefan Zweig
Brennendes Geheimnis
Erzählung

Band 9311

Mit zwölf Jahren lebt Edgar am Rand seiner Kindheit. Er ist mit seiner Mutter auf den Semmering gefahren und glaubt dort, unverhofft in einem jungen Baron einen Freund gefunden zu haben – doch er muß sehr schnell erkennen, daß dessen Freundlichkeit der Mutter gilt.

Fischer Taschenbuch Verlag

fi 1307/1

Eduard von Keyserling
Schwüle Tage
Erzählung

Band 9312

Das Flimmern der Luft in den Sommernächten, das Blühen und Duften der Pflanzen und Blumen, das Verlangen des Abiturienten Bill nach der Vitalität der Landmädchen einerseits – das von sich und von anderen in jeder Situation Tenue erwartende Stilisieren, die sich gelegentlich in Aggressivität flüchtende Verletzlichkeit des in die junge Ellita verliebten, aber in seiner Eigenart und in seiner Gesellschaftsform gefangenen Vaters, der nicht, wie sein Sohn, erfahren kann, wie warm und weich einen das Leben umfangen kann und sich dieses Gefühl künstlich durch Morphium schafft, andererseits – bereiten das Spannungsfeld dieser deutschen Novelle mit französischem Flair.

Fischer Taschenbuch Verlag

fi 1327/1

Franz Werfel
Geheimnis eines Menschen
Novelle

Band 9327

Die Geschichte eines Bilderfälschers, Saverio, in ein venezianisches Dämmerlicht, in Zwielicht getaucht, ist bei aller atmosphärischen Dichte keine Schilderung eines Verbrechens; sie gibt keine Erklärung, wie es zu der Fälschung kam, auch dem in das Geschehen einbezogenen Ich-Erzähler nicht – nur in klarerem, kälterem Licht scheint dies im Ansatz möglich; sie ist eine Charakterstudie: »der große Fälscher muß sein Selbst minutiös zerstören, sorgfältig ausrotten, denn ein letzter Rest, ein schwacher Schimmer von Persönlichkeit könnte ihn verraten« (Franz Werfel); Saverio bleibt der Wahnsinn, um die Lösung des Rätsels, die Tat, als sein Geheimnis zu bewahren.

Fischer Taschenbuch Verlag

fi 1501 / 1

Arthur Schnitzler
Frau Beate und ihr Sohn
Novelle

Band 9318

Frau Beate Heinolds Mann Ferdinand war ein begabter Schauspieler gewesen, und sie hatte ihn, wie sie ihm einmal gestand, vor allem deshalb geliebt, weil ihr die eheliche Verbundenheit mit ihm »die einzige Möglichkeit bot, den ehrbaren Weg zu gehen, der ihr nach ihrer bürgerlichen Erziehung vorgezeichnet schien, und doch zugleich das abenteuerlich-wilde Dasein zu führen, nach dem sie in verborgenen Träumen sich sehnte«; Beate will ihrer beider Sohn Hugo, von dessen pulsender Unruhe seiner siebzehn Jahre wissend, nach dem Tod des Vaters davor bewahren, »mit Ekel aus seinem ersten Rausch« des Zusammenseins mit einer Frau zu erwachen. Das Maß dieser Sorge entspricht ihren in der Witwenschaft nicht ausgelebten Empfindungen. In der atmosphärischen Elektrizität der Sommertage, lösen sich die Grenzen: Mutter und Sohn erleben unabhängig voneinander die Intensität ihrer Körperlichkeit in gesellschaftlich nicht tragbaren Beziehungen und fliehen in den Tod.

Fischer Taschenbuch Verlag

fi 1311/1

Franz Nabl
Die Augen
Erzählung

Band 9329

In seiner Novelle ›Die Augen‹ erzählt Franz Nabl eine heillose Emanzipationsgeschichte aus der Wiener Vorstadt: Eine kleine Verkäuferin an einem Bahnhofskiosk, die 19jährige Rosa Schweiger, wird durch den Blick eines Mannes aus einem vorüberfahrenden Zug zu einer Bewußtheit ihres eintönig dumpfen Lebens aufgeschreckt und beschließt, ihre Willenlosigkeit aufzugeben. Sie wird den Beamtenanwärter Krumholz, mit dem sie verlobt ist, weil so ein Beamtenanwärter in den Augen der Mutter eben was Rechtes ist, nicht heiraten, nachdem sie eine nächtliche Schreckensvision ihres künftigen Lebens an dessen Seite gehabt hat. Doch aus der Enge des Spießbürgertums scheint es kein Entrinnen zu geben: Die Geschichte nimmt eine mörderische Wendung.

Fischer Taschenbuch Verlag

fi 1500 / 1

Edith Wharton
Granatapfelkerne
Erzählung

Band 10180

Diese 1931 erschienene Erzählung von Edith Wharton, eine ihrer sogenannten »Geistergeschichten«, handelt von einer Serie geheimnisvoller Briefe – immer gleich aussehend und von derselben Hand geschrieben –, die im Eheleben der erst seit kurzem verheirateten Ashbys eine schicksalhaft-unheilvolle Rolle spielen. Eine Reise scheint die einzige Möglichkeit, diesen ominösen Briefen zu entrinnen.

Die Meisterschaft dieser Erzählung und die Subtilität der Schilderung, wie das Übernatürliche fast unmerklich in die Alltagswirklichkeit eindringt und diese zuletzt vollends mit seinem heimlichen Schrecken überzieht, zeigen Edith Wharton als würdige Repräsentantin der »Geistergeschichte« zwischen Henry James und Daphne Du Maurier.

Fischer Taschenbuch Verlag

fi 1319/3